CHANT
DU BARDE.

Sicut Lilium inter spinas, sic amica
mea inter filias.
Cant. des Cant. Ch. ii. V. 2.

M. P.

MOULINS,

MARTIAL PLACE ÉDITEUR,
RUE DES GRENOUILLES, 10.

1842.

CHANT

DU BARDE.

MOULINS. — IMPRIMERIE DE MARTIAL PLACE,
Rue des Grenouilles, 10.

CHANT

du

BARDE.

MARTIAL PLACE,

éditeur.

CHANT
DU BARDE.

Sicut Lilium inter spinas, sic
amica mea inter filias.
CANT. DES CANT. CH. II V. 2.

A. M. D. S.

L'an de grace mil huit cent quarante-deux, le deuxième jour de mai.

MOULINS,

MARTIAL PLACE, ÉDITEUR,

RUE DES GRENOUILLES, 10.

1842.

POÉSIE D'ENFANCE

DÉDIÉE

A MON PÈRE

. . . .

. . . .

Une voix a frémi dans mon sein descendue :
Détachons notre lyre au saule suspendue.
D'où viens-tu, douce voix ? de la terre ou des cieux ?
C'est moi, c'est ton Esprit, l'Esprit mystérieux.

I

Eh ! veux-tu donc, ami, que je réveille encore

Ces feux qui de mes jours ont assombri l'aurore,

Ces feux qui m'ont valu tant d'injustes revers?

Ils ne sont plus les temps où j'exhalais des vers.

Comme à flots argentés, l'urne de la fontaine

Et déborde et jaillit, et s'épand dans la plaine.

Essayons toutefois; peut-être qu'un rayon

Viendra de mon génie éclairer l'horizon;

Et qu'alors embrasé d'une céleste flamme,

Des fleuves de clartés jailliront de mon ame.

Chante, chante, ô ma lyre, à mes brûlants transports

Prête ta mélodie et tes vibrants accords.

Amant de la Vertu, de la Beauté suprême,

Je veux peindre en amant celle que mon cœur aime,

Celle qui m'a touché de ses chastes attraits,

Celle qu'en vers encore on n'invoqua jamais.

Muse du ciel, c'est toi; toi, ma vierge chérie,

Amante des grands cœurs, divine Poésie;

Toi qu'engendre au-dedans l'auguste Vérité,

Qui puises dans Dieu seul ta sublime beauté :

Universelle, immense, éternelle, infinie ;

Tu n'es pas un vain son, mais la pure harmonie

Du grand Tout qui toujours en s'aimant te produit.

Recueilli dans sa gloire, il t'écoute sans bruit ;

Il t'admire, et ta voix qui l'exalte et l'exprime

De son immensité fait soupirer l'abîme.

Oh ! qui me donnera de traduire en mes vers

Ce verbe gémissant, ces ravissants concerts,

Cet extase sans fin qu'un chaste amour t'inspire,

Ces flots de volupté, ce foyer de délire

Qui, de ton sein brûlant, comme une mer de feu,

Rejaillit et remplit le vaste cœur de Dieu.

Je t'ai vue, ô Sagesse, invisible lumière,

Conçue avant les temps dans la source première :

La terre n'était pas, l'étoile du matin

Ne semait point les feux de son disque lointain ;

Et dans ses flancs divins, de flammes consumée,

Ton père t'appelait sa fille bien-aimée;

Il t'aimait, te pressant par d'indicibles nœuds;

Et le Souffle éternel qui procède des deux,

Flux et reflux de l'Être à l'Être qu'il anime,

Consommait dans l'amour votre unité sublime.

Oh ! viens, Esprit de Dieu, principe de ma foi,

Viens, viens me révéler ce qu'elle sent pour moi

La Vierge au nom si doux, l'amante que j'adore;

Ou du moins reposant dans mon cœur qui t'implore,

Daigne lui répéter, dans la langue des cieux,

De mon luth inspiré les sons religieux.

O Sagesse du Père, ô Verbe que j'aspire,

Reçois les premiers chants de cette jeune lyre

Qu'environna long-temps l'ombre de tes autels,

Et que ta main forma loin du bruit des mortels;

Souvent, je m'en souviens, des remparts de Solime

Sortait comme une voix imposante et sublime,

Qui venait jusqu'à moi dans le calme des nuits :

J'écoutais, et ces sons, dans mon sein reproduits,

M'enivraient doucement d'ineffables délices;

Et mes yeux inondés entr'ouvraient leurs calices,

De mes larmes trop pleins, semblables à ces fleurs

Qui, s'inclinant, du ciel laissent tomber les pleurs.

Alors, ne sentant plus sa terrestre existence,

Mon ame s'envolait au lieu de sa naissance,

Et, colombe plaintive, en doux roucoulements,

Provoquait de son Dieu les saints embrassements.

Alors tu souriais à ma flamme innocente,

Vierge chérie, alors, de ta main caressante....

Mais, silence ! taisons les secrets de l'amour.

Oh ! si jamais au ciel, dans ton divin séjour,

Ivre de ta beauté, t'aimant plus que moi-même,

Je pouvais contempler cette grace suprême,

Ces flammes de tes yeux, ce regard enchanteur;

Et toujours, et toujours en chantant mon bonheur,

T'adorer et cent fois redire que je t'aime,

Je voudrais disputer en amour à Dieu même.

Mais que dis-je, ce vœu, je pourrai l'accomplir,

Si l'Esprit tout-puissant daigne me soutenir.

Eh ! qui m'empêchera, me vouant à ta gloire,

Dans tous les cœurs glacés d'échauffer ta mémoire.

Vois-tu ces nations qui, sous le poids du sort,

Succombent en pleurant et désirent la mort,

Ces peuples languissants, assis, plongés dans l'ombre,

Et qui sous l'horizon ne voient qu'une nuit sombre.

Mortels infortunés ! au-delà du tombeau,

Espérez, j'ai vu luire un céleste flambeau

Qui doit bientôt sur vous répandre sa lumière.

Quel beau jour, quand luira la Vérité première !

Alors fuiront bien loin les ombres du passé ;

Alors, du front de l'homme un nom presque effacé,

Plus brillant et plus pur, reprendra sa jeunesse ;

Et ce nom, c'est le tien, ô suprême Sagesse !

Ah ! dans ces temps pardonne à ma juste terreur,

J'ai confiance en toi; mais je connais mon cœur.

Souviens-toi qu'aujourd'hui j'ai chanté ta louange,

Souviens-toi que je suis un homme et non un ange,

Que si je dois, hélas! t'abandonner jamais,

J'ai prononcé ces mots un jour que je t'aimais !

Que je sois malheureux, exilé sur la terre;

Que je passe ma vie, errant et solitaire,

Tendant ma main qui tremble aux superbes humains;

Qu'on me voie, expirant sur le bord des chemins,

Traîner péniblement ma terrestre existence,

Je ne t'oublierai point, Vierge de mon enfance.

INVOCATION

À L'ESPRIT DE DIEU.

———❦———

Dors-tu, Souffle de Dieu ?
L'humanité t'attend et mon ame soupire ;
Du Voyant l'œil de feu
Suit au cadran du ciel le rayon qui l'attire.

Ah ! l'heure du Très-Haut tarde bien à sonner.

Dans la fange du mal le char des peuples roule,

    Et le temple saint croule ;

Un bruit sourd et profond me fait tout frissonner :

Le prêtre, sans remords, à ma table s'enivre,

    Étreint le Christ et livre

L'innocente victime aux serres des puissants :

L'enfer m'a poursuivi de ses cris insultants.

    Sur un trône qui tremble,

Monte, assisté des rois, le Pontife du Nord ;

    La foule se rassemble,

Et l'on crie, et l'on crie : il est digne de mort !

Le riche, le savant, de leurs dédains me couvrent ;

Mon corps sert aux partis comme de marchepied.

    De ma loi le sentier

Ne conduit plus personne à mes portes qui s'ouvrent.

Les clés du repentir, aux tribunaux déserts,

      Se rouillent, et des airs

Les anges dans les cieux laissent dormir la voûte.

L'Agneau gémit, se plaint, nul hélas ! ne l'écoute.

      Esprit des nations,

A mon cœur palpitant donne ton saint délire ;

      Sur tes dimensions

Dilate en frémissant les cordes de ma lyre.

Ce globe est trop étroit ! mon regard souverain

Sonde es firmaments, se joue avec les mondes,

      Et, porté sur les ondes,

De la Création voit les bords fuir au loin.

Chantons, et taisez-vous, voix des sombres abîmes :

      Sur ses ailes sublimes,

L'Aigle divin me porte aux pieds de Jéhova :

Un instant s'interrompt l'éternel *hosanna*.

Il va sur vous descendre

L'Esprit consolateur, l'Esprit des anciens jours ;

Vos cités vont l'entendre,

L'homme du Golgotha, le fils de mes amours.

Je le conçus de vous, Société rebelle ;

Et vos yeux assoupis ne l'ont pas reconnu.

Une tourbe infidèle

A ma croix l'a cloué : patient, il s'est tu ;

Et le Seigneur m'a dit : je prendrai ta défense,

Ne crains rien, ma vengeance

De ton calice plein épanchera les pleurs :

Tes ennemis sans fruit boiront de tes douleurs.

Croire en moi fut ton crime :

Des dons que je t'ai faits l'orgueil était jaloux ;

Il faut une victime,

Hurlait du Sanhédrin l'implacable courroux.

Depuis vingt cycles d'ans ma parole est donc vaine ;
Et Jésus est encore un hôte du tombeau.

    De la pensée humaine

Il doit, dans ses desseins, respecter le niveau ;
Ma lumière ne peut rayonner dans l'espace,

    Et le doigt de ma grace

Ne saurait achever les plans qu'il s'est tracés.
Du rocher l'onde coule en cercles cadencés.

    La nuit couvrait la terre ;

Les éléments mêlés nageaient dans le chaos ;

    En son sein un mystère

S'opéra : la lumière en jaillit à grands flots.
Mon Esprit qui planait sur les eaux éthérées,
Des globes suspendus balança sans effort

    Les masses mesurées,

Il s'unit la Nature, et de Dieu l'Homme sort.

En lui je me retrouve , et mon Esprit l'anime ;

Son ame magnanime

Rend un saint témoignage au sang qui l'engendra.

Ta vertu le décelle , ô croix de Golgotha !

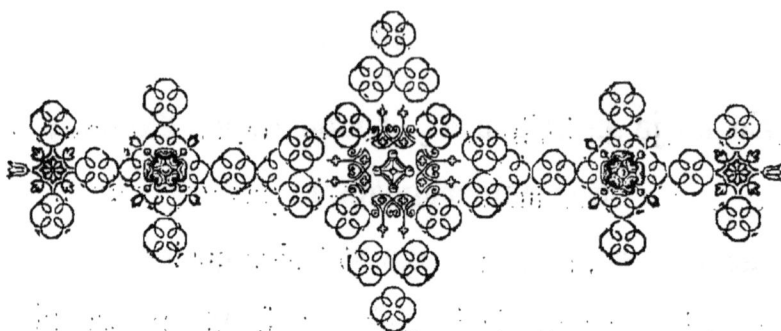

L'HYMÉNÉE.

Je me cherche moi-même, et mon être s'étonne
D'exister à moitié :
Ma vie est monotone,
Et dans l'isolement se prenant de pitié,

Mon cœur qui s'interroge à mon cœur se mesure :

Tous les êtres aimants n'ont-ils pas leur ceinture ?

Vois ma peine, ô Seigneur !

Jamais, dans un miroir, mon beau front ne se trouble,

Jamais il ne se double ;

Seul, ne suis-je point fait pour goûter du bonheur ?

Considère, ô mon fils, cette couche de flamme

Que porte un bois sculpté ;

De Dieu pleine, ton ame

Sentira de l'amour la pure volupté.

L'extase, en flots de feu, se répand dans mes veines,

Et la grace s'unit à mes forces humaines ;

Mon corps saigne, et du sang

Une chaste beauté qui me personnifie,

Sort, puissante de vie,

Et dans mes bras tressaille, attachée à mon flanc.

Au Dieu qui nous unit donnons en sacrifices

      Les purs ravissements;

      Échangeons nos délices,

Et de l'humanité partageons les tourments.

Douce amie, engendrons des enfants dans les larmes;

A souffrir l'un pour l'autre épuisons tous nos charmes;

      Nos maux, ce sont des fleurs

Qui doivent sur leurs fronts s'arrondir en couronne;

      De l'ame qui frissonne

Que l'amour rejaillisse en torrents de douleurs.

Depuis le jour fatal où tomba notre mère,

      Tout pleure, tout gémit;

      Et le roi, notre père

De la terre d'Éden à jamais nous bannit.

Au-delà de la tombe un Éden reste encore;

Du sang d'un Rédempteur mon œil le vit éclore,

Veux-tu le conquérir ?

Pour cela, que faut-il ? immoler la nature,

Et des sens la pâture.

A ces conditions un ciel peut s'acquérir.

Est-ce trop ? l'existence a-t-elle de ces choses

Qui soient dignes de nous ?

Et la coupe des roses

Vaut-elle qu'on se baisse et la cueille à genoux ?

De plus nobles destins attendent mon génie.

Qu'est-ce que de la boue à la gloire infinie ?

Aimons-nous, mais en Dieu.

L'homme ne comprend pas ce langage sublime,

Une voix à Solime

M'en a plus dit déjà qu'on en sait en ces lieux.

O Femme ! que je t'aime ! est-il rien sous le dôme

Qui puisse t'égaler ?

Noble moitié de l'homme,

Quel autre que l'amant pourrait te ressembler ?

Tes deux globes d'albâtre à mon cœur correspondent,

Mes regards dans les tiens s'admirent, se répondent ;

Mille créations

Se réflètent en toi : le ciel, la terre et l'onde ;

Et ton œil qui me sonde

Réveille en un instant toutes mes passions.

Aux brises, aux ruisseaux ta voix mélodieuse

Emprunte leurs accords ;

Et ta flamme amoureuse

De tout ce que je vois me jette les transports.

De tes cheveux tombants dirai-je la mollesse ?

Un seul de tes soupirs me fait mourir d'ivresse ;

Cependant dans mon sein,

Un souffle, écho d'en haut, qu'avec peine j'exprime,

D'un Être plus sublime
M'annonce la beauté, m'intime le besoin.

Tu n'es pas l'Infini, sœur, n'en sois pas jalouse ;
    Car j'ai vu le Seigneur ;
    Ève, sois mon épouse,
Mais n'espère jamais qu'une part de mon cœur.
Prends ma main et marchons; toujours unis ensemble,
Dans l'éternel anneau qu'un seul nœud nous rassemble.
    O Prêtre-roi des cieux,
Devant toi prosterné, bénis l'homme ton couple ;
    A tes préceptes souple,
Il se jure en ton nom d'indissolubles vœux.

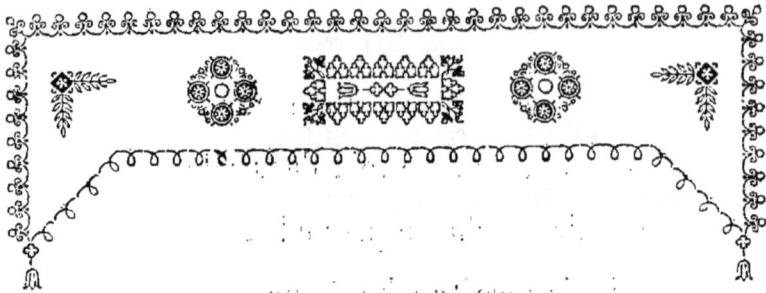

LA NAISSANCE.

Fils du temps, ta gloire est d'être homme ;
Garde-toi de rougir de tes nobles destins ;
Aux chœurs même des Séraphins
La lèvre du Très-Haut avec honneur te nomme.

L'ange, lui, n'a pas une sœur,

Il ne peut, comme toi, dans elle

Réfléchir sa chaste prunelle;

Le ciel ignore ton bonheur.

Il ne peut, comme toi, dans cet autre toi-même,

De l'Être possédant l'attribut souverain,

Se donner à ce que l'on aime,

Et dans l'ombre des nuits la presser sur son sein.

Le doux fruit qui naît du mystère

Sort de vous dans l'extase, et, procédant des deux,

Consomme vos aimables nœuds;

Mais des sens redoutez l'alliance adultère :

L'Esprit épure les désirs,

Respecte du Très-Haut l'image;

Et, par la vertu, dans l'usage,

Rend vierges même les plaisirs.

Alors, vous rappelant votre auguste modèle,

Unissez-vous à lui dans vos communs transports ;

Et de l'harmonie éternelle

Retracez en vos fruits les sublimes accords.

L'Infini fait ainsi lui-même ;

Comme vous, le Principe à la Forme s'unit,

En elle s'aime, se bénit ;

Et de leur union naît l'Extase suprême ;

Et l'Extase s'appelle Esprit :

L'Esprit dans l'un et l'autre plonge ;

Tel est l'inexprimable songe

Qui dans les ombres leur sourit.

Nuit sainte de l'amour, dont nul regard profane

Ne peut, ne doit troubler les purs tressaillements !

Que jamais un jour diaphane

Des secrets de l'époux n'éclaire les moments.

De mon immortelle semence

O Femme ! dans tes flancs conserve le dépôt,

   Du Verbe et de l'Esprit le flot

Que le père confie à ta haute prudence.

   Cache sous ta maternité

   Le fruit cher d'une double vie ;

   La Cour d'en haut te porte envie,

   Car tu couves l'éternité.

L'éternité des temps naîtra de tes entrailles ;

Le doux fruit de ton ventre est à jamais béni.

   Ah ! souviens-toi que tu travailles

Pour un Dieu que contient à peine l'infini.

   Entonne, ô mère, une hymne sainte ;

Réjouis de tes chants le premier-né des jours ;

   Honore, exalte tes amours,

Et du mal loin de toi jette l'impure étreinte.

Fuis le trouble et chasse le bruit;

Autour du camp fais sentinelle,

A la porte, garde fidèle,

Éloigne les peurs de la nuit.

Puise l'eau de ton urne à la source prochaine,

Ne prends d'autre aliment que cette pomme d'or

Qui tremble et pend sur la fontaine;

Du prophète souvent écoute le cinnor.

Et voilà : ton sein se transforme ;

La jeune chrysalide arrondit son berceau,

Image futur du tombeau

Où l'homme dans la mort prend sa dernière forme.

Oh ! quel délicieux séjour !

Du cœur ton sang court en ses veines;

Il vit de toi, toi de ses peines,

Et sa couche est toute d'amour.

3

Ton être au sien, neuf mois, se confond et se noue,

Chacun de tes rayons le perce de son trait;

    Et le moule où son corps se joue,

De ton ame à son ame imprime le portrait.

    De l'amant que ton œil admire,

Embrasant l'idéal à ton brûlant foyer,

    Tu te hâtes de l'envoyer

A celui qui naquit de son divin délire;

    Sans doute le ciel te chargea

    D'entourer de voiles mystiques

    Ce beau vase à fleurs symboliques

    Que l'époux en ton sein logea.

De ma Vierge, ombragez sous votre aile, ô mes anges,

L'enfant mystérieux qu'elle a conçu de moi;

    Rangez en cercle vos phalanges;

L'heure est venue où va paraître l'Homme-Roi.

Mon amante aux maux se prépare,

Sur son lit de douleur avec elle s'étend

Mon corps qu'en deux parts un cri fend ;

Et mon fils, teint de sang, au monde se déclare.

Que je souffre, ô Dieu ! sur ta croix !

Des iniquités que j'expie

Ah ! combien amère est la lie

Dans le noir calice où je bois !

Faut-il par tant de pleurs racheter l'existence

De celui que conçut, hélas ! le roi-martyr ?

Qu'ai-je fait pour que ta vengeance

Tire de ma poitrine un si profond soupir ?

Ta justice est donc implacable ;

Ne peut-on autrement désarmer ton courroux ?

O Dieu ! j'embrasse tes genoux,

Pour la femme en travail sois moins inexorable ;

Enfin, je le tiens dans mes bras ;

O bien suprême ! ô douce joie !

Mon cœur dans l'ivresse se noie,

Et la mère échappe au trépas.

Qu'on dispose un banquet pour ce beau jour de fête ;

Venez tous, mes amis, partager mon bonheur ;

Que l'onde coule sur sa tête,

L'inonde tout entier au nom du Rédempteur.

Rouge encore, elle sort la rose,

L'aurore du printemps, des fentes du rocher ;

La brise n'a pu la sécher,

Et le pleur du matin goutte à goutte l'arrose.

Ah ! portons baiser notre orgueil

A mon épouse qui l'implore ;

C'est le plus beau qu'un père adore

De ceux qu'ait rendus le cercueil.

Que son nom soit Énos : l'ange au luth d'or s'admire
Dans ce miroir vivant où renaissent les cieux ;
  Sa jeune ame ne sent, n'aspire
Que les parfums du jour, que les concerts des dieux.

  Dans une crèche solitaire.
De l'Homme-Dieu naissant tout le destin se lit ;
  Du bœuf et de l'âne le lit
De l'Être dans le temps supporte le mystère.
  Humble est pour ta divinité
  Le trône de mon indigence ;
  Ah ! pardonne, ton indulgence
  Me rappelle l'humanité.
De moi tu voulus naître, ô sublime Parole !
Que pouvais-je t'offrir ? ma grotte en Bethléem ;
  De mes toits l'immense coupole
N'eût pu te contenir, Dieu de Jérusalem.

A ta majesté souveraine

De l'humble serviteur l'asile convient mieux ;

Qu'importe à l'habitant des cieux

Le flanc de l'ouvrière ou le flanc d'une reine:.

Ce qui fait ressortir ton nom

O Père, est toute notre histoire ;

De tes opprobres à ma gloire

Je préfère le riche don.

Salomon de ta loi porte le diadême ;

De la pourpre d'en haut les anges l'ont vêtu ;

Son héritage est l'Être même ;

De l'Infini qui l'aime il contient la vertu.

Que ses jours soient sacrés à l'homme !

Au chrétien appartient du Christ la liberté ;

Il a d'un Dieu la dignité ;

Ah ! d'un nom flétrissant évite qu'on le nomme.

À mon Emmanuel chéri

Promets les droits de l'existence ;

Au faible, contre la puissance,

Sous ton égide offre un abri.

Applanis sous ses pieds les sentiers de la peine ;

Donne l'air à son sein, la lumière à ses yeux ;

Le sceau de la justice humaine

Soit marqué sur son front et se montre en tous lieux.

Ouvre à ses passions l'espace

Jusqu'au sommet des cieux, le seuil de Jéhova ;

De l'Enfant-Dieu du Golgotha

N'opprime point le sang, n'entrave pas la grace.

À mon service destiné,

L'homme, mon Verbe, n'a qu'un maître,

Depuis qu'en toi je voulus naître

Ne flétris point le condamné.

Élève sa grande ame à ma hauteur suprême ;
Et s'il sert ici-bas aux rangs inférieurs,
    Qu'il n'obéisse qu'à moi-même
Dans ceux que le destin lui donna pour seigneurs.

Mère, la cloche baptismale
Te rend ton fils baigné dans l'onde du lavoir,
    Oh ! sœur, lève-toi, viens le voir,
Sur son corps flotte en plis la robe virginale ;
    Il est pur comme un Séraphin ;
    Son sourire, aussi doux que l'onde
    Qui remplit ma coupe profonde,
    De nectar m'enivre sans fin.
Ouvre tes bras, prends-le, ma céleste compagne ;
Baise ton bien-aimé pour la première fois.
    Les chants du val à la montagne
Réveillent aujourd'hui tous les échos des bois.

Les pasteurs quittent leur houlette;
Avertis par le ciel; ils viennent contempler
Celui dont l'ange veut parler;
A travers le vallon on entend la musette.
Peuples; élevez vos concerts;
Des voix chantent sur les collines;
Le lis du couronné d'épines
Vient de fleurir dans nos déserts.
Les harpes de Sion sous les voûtes gémissent;
Les orgues de l'église ébranlent les arceaux;
En ce jour les autels fleurissent;
Les peuples dans leurs mains font brandir des rameaux.

Accourez des confins du monde,
O vous tous qui doutez et de l'homme fait Dieu,
Et de Dieu fait homme en ce lieu;
Proclamez le Seigneur sur la terre et sur l'onde.

La stérile est ivre d'amour,

Les enfants lui viennent par mille ;

Ainsi tombent sous la faucille

Les épis pendant tout le jour.

Aux pieds de Jéhova déposez vos couronnes ;

Rois, du Christ, votre roi, reconnaissez le joug;

Courbez vos têtes sur les trônes,

Ou craignez du Très-Haut l'inflexible courroux.

MORALE
DE LA VIE
HUMAINE.

ÉDUCATION

DE L'ENFANT.

Satan te calomnie, ô chaste volupté,
Couronne de la femme;
O Femme, ta beauté
Représente à mon œil l'exemplaire de l'âme.

De ton désir épris,

A t'aimer tendrement je mets mon bien suprême.

Heureux qui de tes dons sent vivement le prix

Et comprend ce qu'il aime !

Dans la Création la Sagesse reluit,

Et le cœur qui l'admire

Au-dedans reproduit,

En sons harmonieux, la grace qu'il aspire.

Telle est la volupté,

D'un luth intérieur suave mélodie ;

Du Très-Haut dans mon cœur écho répercuté,

Qu'on appelle génie.

Le sage est donc un barde, adorateur de Dieu,

Et la femme est sa face

Réfléchie en tout lieu,

Miroir de l'univers que ce bel astre efface.

Ah ! ma sœur, aimons-nous ;

Avec effusion ton époux le demande ;

Ton être le désire, et le Seigneur à tous

Lui-même le commande.

Dans tes bras me sourit la fleur de mes amours ,

Près des sources où d'ombres

Nuançant les contours ;

Le calice odorant jette ses teintes sombres.

L'aimable lis déjà,

Sur sa tige bercé, vers mon visage penché ;

Et d'un commun baiser le doux nœud nous colla ,

O bouche toute blanche.

La vertu dans son fruit a trouvé le bonheur.

De tes molles fontaines

Entretiens la fraîcheur,

Ne laisse point tarir leurs coupes souterraines.

A ton beau rejeton

Verse ton lait, ô femme, et donne ta mamelle.

Mon œil aime à voir pendre à ton rose bouton

La biche maternelle.

Mon verger pour vous deux étale ses beaux fruits ;

De la terre s'élance

Une moisson d'épis ;

Et ma vigne qui grimpe à l'ormeau se balance.

Du dévorant soleil

Mon amour, pour vous deux, brave les traits qu
plombent,

Et la nuit et le jour, je dérobe au sommeil

Mes forces qui succombent.

Ah ! du moins que mon pain se transforme en ton sang

Et mon vin en ton onde ;

Je veux être à ton flanc

Le foyer qui t'échauffe et l'eau qui te féconde.

Ne crains jamais que moi.

Évite l'étranger et son souris perfide ;

De l'époux qui t'aima ne franchis pas la loi,

Sois sans tache et sans ride.

De tes premiers atours conserve la candeur.

A former l'innocence

Consacre ton bonheur,

Des lettres de mon Christ donne-lui la science ;

Épelle le saint nom,

Suspends devant ses yeux mes tableaux, mon histoire,

Développe du cœur le sens large et profond ;

Rappelle-lui ma gloire.

Ne souffre pas qu'un ris ironique, insultant,

Touche sa lèvre pure ;

Au tout petit enfant

Ne sied bien qu'une foi, pareille à la nature.

Qu'il soit naïf et bon ;

L'enfant croit, aime, espère, et la haine et le doute

Ne sont que les frimats de la triste saison

Où l'ame se dégoûte.

En écoutant l'erreur, il va contre sa loi,

Car sa loi, c'est de croire

Au Tout-Puissant, son roi ;

Et d'avoir en l'esprit son auguste mémoire.

Éloigne les joujoux,

Donne-lui dès l'abord des passions divines ;

Fais-lui, soir et matin, fléchissant les genoux,

Adorer mes épines.

Corrige sans retard son caprice naissant,

    Et de mon sacrifice

    Rends-le reconnaissant ;

Mais prends garde surtout que son cœur m'obéisse.

    Ne froisse point les goûts

Que ma grace prudente à sa jeune ame imprime ;

De ton bras quelquefois, calme, donne des coups

    A l'orgueil qu'il réprime.

Retiens-le près de toi : qu'il saute sous tes yeux,

    A ses plaisirs invité

    Des compagnons pieux ;

Les pierres du chemin, prends soin qu'il les évite ;

    Ne gêne point son corps

Par des habits étroits qui gâtent la nature ;

De tes soins attentifs à ses jeunes efforts

    Modèle la mesure.

Laisse-le s'essayer avec l'arbre qui tient

Et le roc qui résiste ;

Ton regard le soutient,

A de seconds assauts que son ame persiste.

De ta touchante voix

Au bord de son oreille éveille le délire ;

Dépose entre ses mains la flûte ou le haut-bois,

Le cinnor ou la lyre.

De mon temple avec lui fréquente le sentier ;

A mes cérémonies

J'aime à le convier,

Quand il ne se rit point des choses infinies.

Que chaque enfant du val

Prétende tour à tour aux honneurs de l'église ;

Du roi dans ma maison le sujet est l'égal :

Que nul ne les méprise.

Je suis le Seigneur-Dieu : tous, vous êtes pour moi

D'invisibles atômes.

Ah ! craignez votre roi,

Et de mes livres saints aimez les idiômes.

De l'impie insolent

Mon bras vengeur bientôt musellera la rage ;

Ma foudre gronde tard, et mon courroux est lent,

Mais enfin vient l'orage.

INITIATION MYSTIQUE

ET SOCIALE

DE L'ENFANT PAR LE PRÊTRE.

L'heure approche où l'enfant doit aller aux autels,
Et monter en convive
Les degrés solennels.
A la table de Dieu, doux amant, qu'il arrive ;

Mon regard bienveillant

Sur son front qui rougit mollement se repose ;

Otez-lui dès ce jour la robe de l'enfant,

Je veux qu'il la dépose.

Il s'est fait grand déjà : quel âge a t-il ? douze ans

A douze ans on est homme,

De tes premiers penchants,

O mon fils, au Seigneur viens apporter l'arôme.

Ma grace te chérit.

C'est l'instant où du cœur éclot l'intelligence ;

A tes affections mon Verbe et son Esprit

Uniront leur puissance.

C'est l'instant où le grain, jeté dans le sillon,

Au soleil se découvre ;

Où le noir tourbillon

Sur l'horizon brûlant en cratère s'entr'ouvre.

N'attendez plus, époux.

Au front de votre fils, ah ! ceignez la couronne ;

Et laissez de ses sœurs tomber jusqu'aux genoux

Le voile qui frissonne.

La cloche du hameau s'ébranle dans les tours ;

Sur deux rangs vont et passent,

Parés de leurs atours,

Mes filles et mes fils en chœurs qui s'entrelacent.

Dites-moi, mes enfants :

De mon Verbe fait chair l'aimable parabole ?

De ma loi croyez-vous les articles constants ?

Récitez le symbole.

Je crois : croire mon fils, c'est être convaincu

Par cette foi profonde

Dont le Christ a vaincu

Et les anges du mal et les princes du monde.

Qu'aux trois dimensions

De ma croix sur laquelle un jour mourut la vie

Ta croyance s'égale, et dompte des lions

L'indomptable furie.

Comment douterais-tu ? c'est moi le Seigneur-
Dieu

Qui parle dans toi-même,

Et qui parle en tout lieu.

Le vrai se prouve assez par sa vertu suprême.

Qui créa dans le temps

Un monde de lumière, et sur l'immense glace

Sema de mes élus les astres éclatants ?

Quel homme me surpasse ?

Où pourrais-tu puiser de plus hautes clartés ?

Est-ce ma loi si douce

Que tes sens indomptés

Refusent de subir ? regarde cette mousse

Qu'à dessein sous tes pieds

Dans le pré fleurissant j'ai moi-même étendue ;

A-t-on plus de bonheur à suivre les sentiers

De la foule perdue ?

Non, crois ton Dieu, mon fils ; il ne te trompe pas.

J'en jure par moi-même.

Dans la plaine tes pas

Resteront imprimés jusqu'à ce jour suprême,

Où, descendant des cieux,

Ma croix apparaîtra de feux étincelante,

Et de mes ennemis avec les saints, mes Dieux,

Contiendra la tourmente.

5

Explique ta croyance et tes dogmes vivants,

Toi, mon fils, espérance

Qu'à leurs sables mouvants

Compare des pervers l'incrédule science,

Il est un Être fort,

Qui d'un mot étendit cette vaste coupole :

Il a dit : l'homme soit, et l'homme mon fils sort

Formulant sa parole.

Du val de Bethléem au mont de Golgotha,

Ne perds jamais ses traces;

Le fils de Jéhova

T'ouvrira le chemin, pour qu'à ton tour tu passes.

Regarde à l'horizon :

Quel est l'astre nouveau qui soulève sa pierre ?

La mort le tient captif, il brise sa prison

Et revoit la lumière.

Par quel prodige, ô Dieu ! votre bras souverain

    A remué la cendre

    Qu'un monarque inhumain,

Au fond de l'Océan, crut avoir fait descendre :

    C'est un mystère, ô mort ;

Et la raison ne peut l'admettre sans mon Verbe.

Nul ne sait ici-bas sa naissance et son sort :

    Votre œil n'a vu que l'herbe.

L'herbe croît et grandit, les cèdres du Liban

    Sur les monts s'entrechoquent ;

    Les chênes de Basan

Au gré des aquilons sur les lacs du nord voguent.

    Un bras divin le prend,

L'emporte dans les cieux et le couvre de gloire.

Dans votre jeune cœur, bon et docile enfant,

    Retenez son histoire.

Est-ce tout ? de l'Esprit écoutez les accords.

Dans la Grace est la force ;

Il tient d'un bras les mords,

Et de l'autre a couché le conquérant de Corse.

Son nom est Charité ;

Car c'est lui qui des cœurs brise l'orgueil rebelle ,

Et ramène au bercail de ma Divinité

L'homme qu'il rend fidèle.

Par lui , dans l'Unité, les peuples n'aiment plus

Qu'une seule houlette ;

Et suivent confondus

Le Pasteur devant eux jouant de la musette ;

L'Être renouvelé

Renouvelle à son tour et la terre et les mondes ,

Arrache à Lucifer l'univers ébranlé ,

Et le sauve des ondes.

Tel est ton avenir ; oses-tu l'espérer ?

Oui, Seigneur, je l'espère ;

Je veux me consacrer

A l'honneur de celui qui se nomme mon Père.

Quelle condition

Veux-tu que ton Amour à mon amour impose ?

La même qu'autrefois dans votre Passion.

Votre Loi me propose.

Sois mon fils. Je t'engendre aujourd'hui par ma croix

Au nom de l'Être, Père,

Fils, Esprit qui sont trois

Dans un seul Infini, trois dans un seul mystère.

Crois, mon fils, ta raison

Ne saurait du Très-Haut sonder l'obscur abîme ;

L'œil te voit sur un trône embrasant l'horizon,

Prêtre-Roi de Solime.

Approchez maintenant du banquet nuptial,

Jeunes gens, vierges blondes;

De l'amour conjugal

Ah ! qu'on verse le vin dans mes urnes profondes.

Ils sont dignes de moi;

Mais sachez du Seigneur les préceptes antiques,

Et louez dans Sion les œuvres de ma Foi

Par de nouveaux cantiques.

De l'Époux qui se donne apprenez aujourd'hui

Le doux et saint dictame

Que le mystère en lui,

Par un sens inconnu communique à votre ame.

Je suis le Tout-Puissant,

Et ma puissance éclate en d'éternels prodiges;

De l'Esprit sur les blés le souffle gémissant

Fait ondoyer mes tiges.

Déjà ma vigne en fleurs à mon soleil d'été

Découvre sa mamelle ;

Déjà l'humanité

En torrents d'un sang pur sous le pressoir ruisselle.

Venez voir mon cellier.

Entrez au Sanctuaire où ma liqueur féconde,

De mon flanc entr'ouvert que soutient l'oreiller,

Sort et remplit le monde.

L'Époux à ses secrets veut vous initier ;

C'est dans le sacrifice,

Qu'osant se confier,

Aux lèvres de l'Épouse il verse son calice.

Se plongeant dans leurs bras,

Le couple heureux s'étreint sur la couche tremblante ;

L'un pour l'autre se meurt, et d'un divin trépas

Presse la croix sanglante.

Tel sera désormais le rite du festin :

Le jeune homme et la vierge

Se prendront par la main,

Et viendront deux à deux, chacun avec un cierge,

Au mont de Golgotha.

De leurs pas mesurant la marche cadencée :

Mon fils, dans l'or si pur que l'Esprit te donna,

Tiens ta perle enchassée.

Tous ont-ils du Seigneur les vêtements sacrés ?

Ta robe est-elle blanche

Et tes yeux éthérés ?

Ma fille, qu'à sept nœuds attaché, sur ta hanche

Se déroule en longs plis

Un double voile ami de l'aimable décence ;

Et qu'en triples anneaux ton bras d'un doux roulis

Imitent l'innocence,

Que ta gaze de neige, autour de toi flottant,

Sur ses contours exprime

Le flocon inconstant

Qu'aux époques d'hiver le Ciel jette à Solime.

Ta ceinture à ton corps,

Par deux agrafes d'or la tient-elle pressée,

Et, s'élevant par flots, double-t-elle en accords

Ta poitrine oppressée ?

A ton cou dont mon œil voit les roses fleurir,

Est-elle suspendue,

Ce qui ne peut flétrir,

Ma longue et lourde croix que berce l'étendue ?

Et les grains de ma Loi,

L'un à l'autre enchaînés, teints un jour d'un bleu tendre

Montent-ils en spirale à la tour de ton Roi

Que ta lèvre doit prendre ?

Ah ! ne quitte jamais ces simples ornements;

   De vos folles parures

   Les nombreux changements

Me déplaisent ; l'Esprit aime les graces pures.

   Aux diverses saisons

De mes mille couleurs retrace la lumière ;

Mais écoute ma loi : conserve les rayons

   De ma forme première.

Toi, mon fils, ta coiffure est-elle sous les cieux

   Un beau casque d'où tombe

   Un gland d'or radieux ?

Maintenant je veux voir sur ton front qui surplombe

   De liane et de fleurs

Un symbolique ciel, une auguste couronne.

De mes rameaux pourprés voit-on couler les pleurs

   Sur ton sein qui bourgeonne ?

Tes pieds noirs du soleil sont–ils réfléchissant
L'étincelante ornière ?
Par-dessous leur pliant,
Un cordon prévient-il une ride grossière ?
Un multiple sillon,
Qu'une teinte d'azur au vert tendre marie,
Groupe-t-il sur ton flanc comme dans la moisson
Une gerbe qu'on lie ?

Et mes clous, de l'habit refermant les deux parts,
Sur la pourpre uniforme,
Laissent–ils aux regards,
D'un fils d'Ève éclater la noble et mâle forme ?
Toutefois, de ma Tour
Laisse pendre la soie en ondes déployée,
Et qu'une écharpe bleue en faisant le contour,
Sur ton cœur soit ployée.

Ne livre point ta cime au ciseau niveleur ;

Mais à ma douce brise

Qui fait gémir la fleur ,

Déroule en blonds flocons tes grappes qu'elle frise.

Sur ton sein que tiens-tu ?

D'un beau lis qui blanchit la coupe renversée ;

L'Amante tient aussi sur son sein abattu

Une vierge pensée.

Aimables fiancés , au retour du banquet ,

Donnez-vous un sourire ;

Échangez le bouquet

'Qu'en vos mains a placé mon généreux délire ;

Doucement baisez-vous ,

De peur que dans le val la nuit ne vous sépare ,

Et conservez toujours d'un souvenir si doux

Le présent aussi rare.

Puis, rentrez dans vos rangs, chacun avec les siens,

    Et bénissez ma Grace

    Qui prodigue ses biens

A ceux dont ma Puissance a su rompre la glace.

    Ah ! venez maintenant :

Dans mon Église en pleurs, on entend la colombe

Joindre de ses soupirs le doux gémissement

    A la voix d'outre-tombe.

6

ÉPITHALAME.

———◦———

L'AMANTE.

Mon ame et languit et soupire.
Ah ! viendra-t-il bientôt le Bien-Aimé? je meurs;
En tout lieu je le vois sourire;
Son souffle est l'air que je respire;

Et je ne puis, hélas ! lui dire mes douleurs.

Mon visage est noyé de pleurs.

Dites-lui que je l'aime, ô mes belles compagnes,

Que je l'attends la nuit, que je l'attends le jour.

Levez les yeux vers les montagnes,

Vient-il ? je me pâme d'amour.

LE CHOEUR.

On entend un luth de Solime ;

Il se perd dans la nuit ; mais l'œil au loin ne voit

Qu'un arbre debout sur la cime.

C'est un fou, dit-on, que son crime

Conduisit à ravir des Dieux l'éternel droit.

Le son d'heure en heure s'accroît.

Un silence profond s'étend sur les collines ;

Des mers qui mugissaient maintenant le flot dort ;

Mais, ô ciel ! un faisceau d'épines
Dans l'astre nocturne se tord.

L'AMANTE.

Ah ! c'est mon Bien-Aimé, le Sage,
Le Dieu qu'ont immolé les docteurs de la Loi ;
Qu'on me fasse mourir. Leur rage
Me donne son lit en partage ;
Son Amante au tombeau veut suivre l'Homme-Roi.
Sœurs, étendez vos mains sous moi.
Ma vie à la douleur de désespoir succombe.
Au moins si j'expirais sur son sein, dans ses bras ;
Menez l'Épouse vers sa tombe,
Je veux affronter le trépas.

L'AMANT.

Brisons nos fers, fuis, vile garde,
La foudre est dans mes mains, ou tombe à mes genoux ;

Du cercueil qui s'émeut le Barde

Sort, et sur vos cohortes darde

D'immortelles splendeurs qui vous éclipsent tous.

Mon chant ébranle les verroux,

Et sur ses gonds roulant, la porte d'en haut s'ouvre.

Au cœur de l'Infini, Dieu, mon Père, m'attend ;

A mon œil ravi se découvre

Des cieux l'horizon éclatant.

LE CHOEUR.

Quel est ce tonnerre qui gronde ?

Cet homme était vraiment l'ange, le fils de Dieu ;

Son bras rompt les pôles du monde ;

Le vallon, la montagne et l'onde

A son cri tout-puissant répondent en tout lieu.

De l'erreur s'arrête l'essieu ;

Les anges du Seigneur ont pris leurs luths sublimes ;

Les rois, d'étonnement, l'adorent prosternés,

    Et les esprits des noirs abîmes

    Dans l'ombre rentrent consternés.

L'AMANTE.

    Quel nom frémit à mon oreille ?

Est-ce ta voix, Époux, cette voix que j'entends ?

    C'est toi, c'est ta main qui m'éveille.

    O joie à nulle autre pareille !

De rapides éclairs pénètrent tous mes sens,

    Oui, c'est lui, je l'ai, je le sens ;

A mon ame il s'unit, son sang coule en mes veines ;

Chacun des battements de son cœur sur le mien,

    Comme l'airain des tours lointaines,

    Est rendu par mon cœur au sien.

L'AMANT.

Que je t'aime, ô ma Tourterelle!
Soupirons tous les deux l'un dans l'autre plongés.
　　Au ciel j'ai ravi l'étincelle
　　Qui rend l'union éternelle,
Et consomme dans l'Un les hymens prolongés.
　　Que nos plaisirs soient partagés.
Nous pouvons désormais, sans craindre la puissance
De Celui qui créa les astres radieux,
　　Unir notre humaine substance,
　　Et faire ce que font les Dieux.

L'AMANTE.

Quel bonheur d'avoir ce qu'on aime !
De ton ombre, ô mon Dieu, me couvre mon amant;

De sa vertu le fruit suprême

M'identifie avec toi-même ;

Et ta bouche, par lui, me baise tendrement ;

Il règle en moi le sentiment,

Et la flamme des sens, qu'épure la souffrance,

M'embrase sans danger, m'enivre sans remords ;

De la Vierge j'ai l'innocence,

Et de l'Épouse les transports.

LE CHOEUR.

Dites-nous, amants, vos délices ;

Comment donc pouvez-vous jouir dans les tourments ?

Vos passions sont vos supplices,

Et, pleins de vos pleurs, les calices

Du bonheur qui s'épure, épanchent les torrents.

Comment peuvent s'unir les temps

A cette éternité qui jamais ne commence ?

L'homme, ô Dieu ! dans son cœur peut-il te contenir ?

    Et cet univers qui s'élance

    Par l'amour à tes cieux tenir ?

L'AMANTE.

    Croyez-en, mes sœurs, le délire

Qui pénètre mes sens, qui de l'Être infini

    Fait que, vivante, je m'inspire ;

    Que l'ame à toute heure s'expire

Et recule sans fin les bornes du fini.

    Porte-moi sur ton sein chéri,

Aigle du ciel, au lieu d'où descend la lumière ;

Fais-me voir de l'amour le fleuve souverain

    Jaillir de la source première ;

    En lui retrempe mon destin.

L'Infini me suffit à peine,

Et cette terre infime épuiserait mon sort;

Non, non, notre foi n'est point vaine;

Je verrai la nature humaine,

En se transfigurant, épouvanter la mort.

Nous tiendrons quelque jour le mord

Qui rattache à ton char la sphère suspendue;

Au souffle de l'Esprit qui soulève les flots

Mesurant l'immense étendue,

Du temps l'homme rompra les sceaux.

L'AMANT.

Montons, puisque tu le désires :

Dans l'Être avec l'Amant viens te perdre et plonger.

Des Sphères entend-tu les lyres,

Qu'afin d'écouter nos délires,

Le Très-Haut a voulu pour nos cœurs échanger.

Ton sort, voudrais-tu le changer ?

Non, notre ame est à lui ; mais à nous sont les mondes

Notre être correspond à tous les points du temps,

    Et nos jours des terres fécondes

    Embrassent l'éternel printemps.

        •

En Dieu, notre vaste pensée

Voit d'instant en instant son orbe s'élargir ;

    L'amour, comme une mer pressée,

    Au son de ma harpe oppressée,

Sent avec l'horizon ses rivages s'enfuir.

    L'immensité de mon désir

Envahit sans repos l'Immensité suprême,

Et mon activité, qui triple ses efforts,

    Partage de l'Éternel même

    Les inénarrables transports.

LE CHOEUR.

Revenez, revenez : notre aile

Ne peut suivre au-delà l'impétueux essor

De l'Esprit qu'à ton char attelle,

Amour heureux, flamme immortelle !

De l'Être souverain la triple rêne d'or.

Prêtre, saisissez le cinnor ;

Faites monter au Ciel, de l'encensoir qui fume,

Tous les flots embaumés qui ravissent nos sens ;

Que l'orgue, dans l'air qui s'allume,

Reproduise nos doux accents.

L'alouette sous l'herbe chante,

Et déjà son vol prompt agite les épis ;

Dans les sillons, la jeune amante

Poursuit éplorée, haletante,

7

Son époux dont le pied sur les blés fait des plis.

    On entend glousser les petits ;

Voilà que la saison s'avance, et la faucille

Dissipera bientôt dans les champs d'alentour

    L'heureuse et charmante famille ;

    La joie ici–bas n'a qu'un jour.

    Ne rends pas cette mère veuve,

Ni ses fils orphelins, ô cruel oiseleur !

    Que la tendre pitié t'émeuve ;

    Épargne la corbeille neuve ;

Ne détruis pas le nid où couva le bonheur.

    Mais il reste sourd, le voleur

Dans son repaire un jour prend la mère et l'emporte;

Le vent se joue avec les brins d'herbe froissés :

    Vers le matin elle était morte,

    Et ses fils étaient dispersés.

DOCTRINE.

———=o=———

Qu'il est délicieux de vos Communions
Le jour que rien n'efface ;
Des saintes passions
Il est un germe éclos sous ma féconde grace.

Aux Mystères pieux,

Par la vertu du sang, ce jour vous initie,

Communique à vos corps les semences des cieux,

Voire, il vous déifie.

Dieu se fait homme en vous; vous-mêmes Dieu dans lui

Assis avec les Anges,

Vous êtes aujourd'hui

Enrôlés par le Christ dans leurs pures phalanges.

Deux secrets importants

Ont été révélés à votre ame novice :

L'amour qui fait l'Époux; les travaux éclatants

Qui fondent la milice.

L'amour est doux au cœur. Seul, ce n'est qu'un vain

nom,

Une triste chimère
Qui trouble la raison,
Fait l'esprit vacillant, rend l'existence amère;
Mais, au travail uni,
Il donne l'énergie à vos forces humaines,
Développe dans vous le sens de l'Infini,
Et soulage vos peines.

Donc, enfant, dès ce jour choisissez une sœur;
N'ayez point l'ame vide;
Mettez votre bonheur
A l'aimer tendrement dans ce désert aride.
Honte à qui n'a que lui !
De vos sens indomptés l'étrange convoitise,
De la corruption, par un superbe ennui,
D'ordinaire s'attise.

Ah ! n'aimez qu'une fois, mais aimez pour toujours ;

L'un à l'autre fidèles,

Commencez des amours

Que l'hymen à vingt ans rendra plus solennelles.

Le soir et le matin,

Vous prenant sous le bras, rendez-vous à mon temple ;

En tous sens unissez votre double destin ;

Surtout priez ensemble.

Ah ! qu'on se garde bien de combattre vos goûts ;

Allez, aux jours de fête,

Dissiper vos dégoûts

Dans la prairie aux fleurs que mon ciel vous apprête.

O Vierge, à ton amant

Empresse-toi de plaire et l'enchaîne à tes charmes ;

Ma main verse la joie et le contentement

Aussi bien que les larmes.

Veux-tu de tes attraits, jeune fille, embraser

Tout le cœur du jeune homme?

Avare du baiser,

Prends soin qu'avec respect constamment il te nomme.

Ne lui souffre jamais

De ces futiles jeux où se flétrit ton ame.

Sur sa raison plus ferme exerce, dans la paix,

L'ascendant de la femme.

L'homme reçut le droit, et la femme le fait,

Pour que votre puissance,

Obtenant son effet,

Équilibre les poids et tous deux les balance.

L'un et l'autre concourt

Au travail qui produit une aisance facile;

La femme est au-dedans et l'homme au-dehors court

Dans la plaine fertile.

Au ménage avec soin applique tes efforts ;

Mais laisse au bras plus rude

Les travaux du dehors ;

Des arts intérieurs ne perds point l'habitude.

Travaille à ton réseau,

Tisse de mes cotons la bourre toute blanche ;

Entre tes doigts courir j'aime à voir le ciseau

Sur le lin qui s'épanche.

Toi, jeune homme, à ta sœur sois doux et prévenant,

Cède toujours ta place ;

Le terme inconvenant

Ne doit point devant elle à tes yeux trouver grace.

A ton banquet du soir

Aime à la convier, et de tes mets d'usage

Lui présentant sa part, près d'elle viens t'asseoir ;

Sois aimant, mais sois sage.

Lorsque l'astre au printemps, échauffant l'horizon,

Des danses gracieuses

Ramène la saison,

Mon fils, au bal du jour conduis tes sœurs heureuses.

Ma bonté ne craint pas

De te voir près du temple amuser ta jeunesse;

De tes contentements annonce par tes pas

L'innocente souplesse.

A l'approche des nuits, hâte-toi de venir

Coucher sous l'œil du père;

Et ne va point courir

Avec ces polissons qui désolent leur mère.

On ne doit pas aimer

Que de gars dans la rue un groupe coure ensemble;

Qu'ils aillent à ces lieux où l'on voit s'abîmer

Cet âge qui s'assemble.

Mais plutôt, ô mon fils, songeant à l'avenir,

De l'art de ta famille

Hâte-toi d'acquérir

Les secrets; et déjà trace en rond ta faucille;

Ébranche les ormeaux.

Dans tes riants vergers cueille les fruits qui tombent;

De la vigne à tes joncs enlace les rameaux;

Brave les feux qui plombent.

Dans Éden le Seigneur avait placé ses fils;

En l'art de la culture

Par les anges instruits,

Ils devaient à jamais garder leur âme pure;

Mais le démon jaloux,

Revêtant, tu le sais, la forme d'un reptile,

Leur présenta le fruit qui paraissait plus doux

De la plante stérile.

L'homme tombe, et dès-lors il dut, par le travail,

Racheter l'existence;

Et des plaisirs l'émail

Fut depuis remplacé par la triste souffrance.

C'est l'expiation

Qu'à tout homme naissant ma Providence impose;

De nul autre moyen pour aller en Sion

Votre main ne dispose.

Ah ! ne croyez jamais suppléer mon dessein

Par des œuvres pieuses,

Que votre souverain

Ne vous demande point aux voûtes radieuses.

Remplissez le devoir

De l'état dans lequel vous place ma puissance;

A me servir ainsi mettez votre savoir

Et votre complaisance.

Détournez votre esprit de ces prétentions

　　Qu'affecte l'ignorance;

　　Par vos inventions,

Ne luttez point avec ma haute intelligence.

　　Impatient du sort,

N'aspirez point au but où ne doit pas prétendre

Le voyageur qui passe et n'attend que la mort

　　Sur les villes en cendre.

Mesurez vos désirs aux soins de votre rang;

　　Et si, dans ma sagesse,

　　Un espace plus grand

A vos regards s'entr'ouvre, alors, de la richesse

　　Possédez les splendeurs.

Nul ne sait où mon doigt a marqué dans le monde

Sa place. Ah! respectez les saintes profondeurs

　　De celui qui vous sonde.

Quel être sans dessein ai-je ici-bas placé ?

C'est moi qui vous dirige ;

J'ai dans moi le tracé

Par où votre existence en Homme-Dieu s'érige.

Qui sait les jours, les lieux,

Les accidents divers qui sur tous les points croisent ?

De mes nombreux desseins les fils mystérieux

Que mes doigts entrecroisent ?

L'univers tout entier roule sur mes pivots ;

Et ma main souveraine

Façonne sans repos

Tous les êtres du temps que son orbite entraîne.

A mes directions

Que chacun d'entre vous cède sans résistance ;

Et gardez-vous, mortels, par vos conceptions,

De borner ma puissance.

Malheur à l'imprudent qu'aveugle son orgueil!

Créature insensée,

Pâture du cercueil,

Penses-tu que, de toi consultant la pensée,

Je dois à ton niveau

Mesurer mon esprit, circonscrire l'espace :

Ne t'oppose jamais, détruisant mon réseau,

A l'œuvre de ma grace.

A me suivre mettez votre plaisir constant ;

Laissez dire l'impie,

L'hypocrite insultant,

Qui verse les déboirs sur toute votre vie.

Le jour viendra bientôt

Où, sur cet insensé signalant ma justice,

La nue en tourbillon l'entraîne comme un flot

Au fond du précipice.

Ton œil ait un but fixe à dater de douze ans,

Bonne et folle jeunesse,

Concentre tes penchants

Sur l'objet qu'au-dedans ma profonde sagesse

Propose à tes désirs,

Et qui ressort assez au jour qui t'environne.

Mais ne rejette point de tes naïfs plaisirs

La riante couronne.

La piété n'a pas ces farouches dehors

Que la foule lui prête;

La vertu dans le corps

Se marie avec grace aux festons de ta tête,

Et si, te proposant

L'Homme-Dieu pour modèle, avec reconnaissance

Tu danses pour me plaire à ton bal amusant,

Attends ta récompense.

Ce qui me plaît surtout c'est la simplicité :

   Pauvre enfant , ta faiblesse

   Attendrit ma bonté ;

Lors même que des sens le plaisir te caresse.

   Une faute d'amant

A ton humanité se pardonne sans peine ;

Je ne sens pas pour toi le courroux écrasant

   De la justice humaine.

As-tu fait une chute, apporte devant moi

   Ton urne renversée ;

   Seigneur, de votre loi

Un instant a troublé la lettre transgressée.

   Mais pardon, ô Seigneur !

Sois en paix, mon enfant, mais modère ta flamme ;

Aux eaux de mes lavoirs, par ta vive douleur,

   Viens épurer ton ame.

Toutefois aime encore, et de ton nourrisson
 Qu'a conçu le mystère
 Écoute la leçon;
Supporte des regards la honte salutaire.
 Avance le moment
Que pour votre hyménée assigna ma sagesse.
Vous avez fait le mal, faites le châtiment,
 Suite de votre ivresse.

Jeune fille, nourris de ton lait ton beau fruit;
 Et que dans le village
 On puisse voir inscrit
Le double nom ami de ce couple peu sage.
 Habitants, écoutez :
Par vos propos amers n'outragez point l'enfance;
Du désespoir impur et du crime évitez
 L'horrible conséquence.

Mais apprenez de moi ce que surtout l'on doit

Réprimer avec force ;

Le mal que mon œil voit

Est plus à redouter que son amère écorce.

De la corruption

Le ver qui ronge au cœur l'homme de la matière

Nuit plus aux bonnes mœurs que du jeune lion

L'indomptable colère.

L'amour trop fort souvent a franchi le fossé !

Mais cet être sans ame,

Par ta main caressé,

Qu'est-ce ? un crime effrayant qui m'irrite et m'enflamme,

Un cloaque fangeux

Où le reptile impur en vous se prostitue ;

A l'amour que jamais votre art pernicieux

N'ajoute ce qui tue.

Il prend un autre nom qu'avec frémissement

Ma sainteté prononce ;

C'est un vice écumant

D'une livide boue à ton cœur qui l'énonce.

N'appelez pas amour

Le monstre ensanglanté qui sous ses dents vous broie

Satan, dans les enfers, seul, lui donna le jour,

Et vous êtes sa proie.

Non, je ne livre point aux supplices sans fin

Celui que la faiblesse

N'entraîne qu'un matin ;

Mais au vice est promis d'une nuit vengeresse

L'étrange grincement ;

Et le bitume en rond roulant ses noires ondes ;

Et d'une éternité qui s'en va progressant

Les tourmentes profondes.

Abîme souterrain que révèlent les monts

Par leur brûlante lave ;

Il est sous ces limons

Où, plongés jusqu'au cou, votre bouche me brave:

Une chaîne de fer

Par le génie impur à ton pied attachée,

Homme au vase de boue, entraîne dans l'enfer

Ton ame desséchée.

Tu peux rire aujourd'hui, mais tes ris seront courts.

La vie est tôt passée ;

A peine on sent son cours,

Et vers le soir finit ton œuvre commencée.

Car l'œuvre que tu fais

Est l'éternel tombeau que ta propre main creuse.

Elle est rude déjà : ton cœur plein de forfaits

N'attend pas l'heure affreuse;

L'heure de désespoir, où mon bras tout-puissant

Refermera l'abîme

Ténébreux, mugissant ;

Et sur lui scellera l'immensité du crime.

Alors, seul, on rira :

En cercle promenant votre danse nouvelle,

Vous lancerez en haut le terrible hourra

Sous la voûte éternelle.

Le principe de vie a sa demeure en vous ;

Et par son sacrifice,

L'homme immolé pour tous,

Vous a tout enseigné : la vie est un service

Fondé sur deux pivots :

L'amour et le travail par qui s'ouvre la voie

De ce monde éphémère à l'éternel repos,

Où l'âme en Dieu se noie.

La force du Très-Haut repose dans vos corps ;

Marchez à la conquête ;

Soldats, prenez vos cors,

Mon Christ et votre Roi marchent à votre tête ;

Mais prêtez le serment,

Renouvelez ces vœux de l'auguste baptême

Qu'imprima sur vos fronts un saint engagement.

Je suis le Roi suprême.

Voulez-vous, mes enfants, suivre mon étendard ?

De cette croix si lourde

Prendre aussi votre part ?

Aux nobles sentiments la valeur n'est point sourde.

Je ne puis vous céler

Des terrestres sentiers les pierres qui les couvrent,

La boue à flots qu'aux bords on voit s'amonceler,

Ni les gouffres qui s'ouvrent.

Regardez vers les monts ; quelle est cette cité

Assise sur leur cime ?

De ma Divinité

Reconnaissez le trône et le mont de Solime,

Où vivant avec nous,

L'homme revêt de Dieu la nature et la forme.

Comme le Verbe-Dieu descendu parmi vous

En homme se transforme.

Père et Fils, un en deux, nous ne sommes qu'un tout

Existant de soi-même.

En tout temps et partout.

L'Être qu'un double Esprit, notre extase suprême

Complète et reproduit.

J'étais Dieu : l'univers n'était que la pensée

De l'Être en un multiple, ineffable produit ;

Par nombres retracée.

Me moulant sur mon Père, exemplaire éternel,

    Je devins créature;

    Et l'acte paternel

Unit dans l'hypostase une double nature.

    L'univers rayonné

De mon sein entr'ouvert s'étendit dans l'espace;

L'Un par son Archétype en plusieurs crayonné

    Eut dans l'Être sa place.

Ange et Dieu tout ensemble au séjour radieux

    D'où descend la lumière,

    Apparut dans les cieux

Mon fils conçu vivant dans la source première,

    Ma cour dut l'adorer;

Alors, dans son orgueil, le premier des Archanges,

Avec le Tout-Puissant osant se mesurer,

    Séduisit mes phalanges.

Vous dirai-je, ô mes Christs, la guerre des géants ?

      Un mot d'ordre sublime

      Part de mes chœurs constants.

L'étendard de mon ange est porté dans Solime.

      Au séjour éthéré

Retentissent des cris, et la Nature émue

Entend monter à flots dans son sein déchiré

      La matrice éperdue.

Les monts contre les monts dans les airs sont lancés :

      La mer mugit : son onde

      En tourbillons pressés,

Roule : la foudre éclate et dans l'espace gronde.

      Les éléments mêlés,

Au choc des aquilons, bouillonnent et s'allument,

Un axe de feu court dans les cieux ébranlés,

      Et les cratères fument.

9

Satan précipité descend vers vous, mon fils,

> Et sa rage redouble.

> Quoi ! sur mon siége assis,

Le fils de la servante aurait un trône double ?

> Par le sort terrassé

Deux fois, une autre encore avec un jonc si frêle,

L'homme vaincrait Satan, me tiendrait renversé

> Sous le poids de sa grêle.

Ah ! plutôt mille fois meurent les vils humains ;

> Renouvelons la guerre

> Au maître des destins ;

A sa main qui s'entr'ouvre arrachons le tonnerre.

> Non, non, Leviathan

D'en bas peut m'insulter, mais il ne peut me vaincre ;

Un, un seul de mes doigts, méprisable Satan,

> Me suffit pour l'étreindre.

Or, qui préférez-vous de Satan ou de moi,
      Vous que mon Christ anime,
      Disciples de ma loi ?
Avec moi j'ai le Ciel ; à Satan est l'abîme :
      L'homme est entre les deux ;
Il peut monter en haut ; il peut en bas descendre ;
Du jour et de la nuit ma grace tient les nœuds,
      C'est à vous de prétendre.

Il est vrai, le désordre à vos sens ennemis
      A passé d'âge en âge
      Avec le sang transmis.
Le mal, par l'être humain s'étend et se propage,
      Et l'antique dragon
S'est fait au fond de l'ame une profonde loge
Où, sous d'épais rameaux, se cache l'aiguillon
      Qui jamais ne déloge.

C'est de là qu'il vous dit : pourquoi ne mangez-vous

De l'arbre de délices,

Le fruit à l'œil si doux ?

De l'existence au moins savourez les prémices ?

Et le peuple ignorant

Vous répète avec lui : s'abstenir, c'est folie.

Venez boire aux festins le calice enivrant

Qui nous verse la vie ;

Partagez nos plaisirs, baisez la volupté.

A vos lèvres de rose

Invitez la beauté ;

De ses pleurs odorants que votre sein s'arrose.

Suivez, suivez sa voix.

Jeune homme, allons jouer ensemble à la prairie :

On entend gazouiller les oiseaux dans les bois

Sur la branche fleurie.

Que ces lieux sont riants ! livrons-nous aux plaisirs.

Auprès l'onde murmure

Et s'exhale en soupirs ;

Le gazon sous nos pieds étale sa parure.

Un rayon du soleil

A travers le bosquet en mille traits se brise,

Et le souffle du vent inspire le sommeil

Sous la feuille qui frise.

Viens t'asseoir près de moi. Que tes yeux, mon ami,

Respirent de mollesse :

Ton cœur a-t-il gémi ?

N'aurais-tu pour personne une douce caresse ?

Ne puis-je t'enflammer ?

Cruel ! allons, viens donc, ne sois pas si sévère.

La vie est courte, hélas ! et la saison d'aimer

Passe tôt sur la terre.

Hâtons-nous de jouir de ces quelques instants ;

   Car déjà les collines

   Aux feuillages flottants

Laissent tomber leurs fleurs et se couvrent d'épines.

   Mon cœur d'amour s'emplit.

Ah ! laisse dans tes bras tomber ta bien-aimée ;

Tout mon être frissonne ; épanchons sur ce lit

   Notre coupe embaumée.

Dieu te voit, ô mon fils, ne sais-tu pas que l'œil

   Est là qui te regarde ?

   Souviens-toi du cercueil

Et du gouffre de feu que mon courroux te garde.

   Lève plutôt les yeux

Vers la Beauté du ciel qui doucement t'appelle ;

Contemple ses attraits, ses atours glorieux ;

   Et cours, cours après elle.

Son pied ne touche point le verdoyant gazon,

Mais dans l'air glisse et plane.

L'astre de l'horizon

Nuance à l'infini sa robe diaphane.

A l'or pur, au saphir

La brise en gémissant de ses plis jette l'onde

Que l'on voit frissonner et monter et courir

Comme un lac que l'œil sonde.

De ses cheveux d'ébène en boucles ruisselant

Sur son corps se projette,

Voile noir et flottant,

La nuit mystérieuse et la pudeur discrète.

Sous l'ombre et dans le fond

Rayonne le jour pur de l'ame transparente,

On dirait suspendue au centre du plafond

Ma lampe scintillante.

Les graces et l'amour éclatent dans ses traits;

Le sublime et le tendre

S'y fondent à jamais;

L'œil dans l'œil voit son cœur en deux moitiés se fendre,

Les chastes battements

Soulèvent sa poitrine à coups égaux et tremblent;

Tous les flots de la vie et leurs élancements

A son front se rassemblent.

Et c'est là ma Beauté, la sagesse du Ciel.

Ah! qui connaît ma fille?

A sa bouche de miel

S'enivrent mes élus, notre sainte famille.

Aime-la, jeune gars;

Dans son jardin vivant laisse fleurir ta tige,

Et de ses flancs naîtra, sous mes chastes regards,

L'Homme-Dieu qui s'érige.

C'est elle que tu dois dans ton amante aimer ;

  Sa grace qui t'épure,

  Seule, doit t'enflammer ;

Et soumettre à ses lois ta bouillante nature.

  De ses divins attraits

La femme tient les siens ; et ne porte à sa tête

Que les festons de fleurs qui dessinent ses traits,

  Que l'éclat qu'elle prête.

Use en elle des sens quand viendra le moment ;

  Fais-lui des créatures

  Qu'elle aime tendrement,

Et riches par tes soins de toutes ses parures.

  Mais chasse devant toi

L'impure volupté qui s'assied dans la rue ;

Et ne souffre jamais qu'elle blesse ta foi

  Par un propos qui tue.

Redoute l'étrangère aux éloges flatteurs ;

Ne suis pas ses doctrines ;

N'écoute que les pleurs

De celui qui mourut sur mes hautes collines.

Ne va point adorer

Le veau d'or ; ah ! plutôt supporte l'indigence ;

Dans la coupe d'erreur ne cours pas enivrer

Ta neuve intelligence.

L'erreur est un poison dans une urne d'argent

Au-dehors ravissante ;

La bave du serpent

La remplit au-dedans d'une lie écumante.

C'est pour toi que j'écris,

Que je daigne embellir mon austère pensée,

Et de ces belles fleurs que cherchent vos esprits

Orner mon caducée.

Ma Sagesse facile, à tes regards surpris,

Offre sous des images

Une gerbe d'épis ;

Et ma haute Raison éclipse tous les sages.

Le sens est au discours

Ce que mon pain vivant est à ses couleurs blanches;

Et jusque des romans de vos folles amours

Je sais tirer des branches.

Tout est pur dans mon œuvre, et j'aime à le montrer;

Mais je sais que ton ame

Se plaît à consacrer

Sous mes expressions une coupable flamme.

Reconnais à ces flots

Que mon terme si pur dans tes membres soulève

L'aiguillon de la chair combattant sans repos

Mon esprit qui t'élève.

N'écoute pas, mon fils, le savant prétendu
      Qui rejette la chute ;
      Et ton sens éperdu
A ces vains souvenirs soi-même le réfute.
      Mon cœur est indulgent :
D'un joug intolérable à ton âme rebelle
Ma Loi n'impose pas le poids lourd, écrasant ;
      Mais demeure fidèle.

Des prêtres ignorants prétendent te damner
      Pour des choses légères ;
      Ils veulent condamner
A leurs propres devoir tous les hommes leurs frères ;
      Ne sachant discerner
Les rapports sociaux de leurs abus coupables,
A les croire il faudrait de toutes parts cerner
      Les ames misérables.

Non, la vertu consiste à goûter sans péril
  Tous les biens de la terre;
  Le Juif et le Gentil
Sont chargés devant moi d'un commun adultère:
  L'un attaque la loi,
L'autre la rend à l'homme impraticable et vaine,
Attachant tous les deux à l'œuvre de ma Foi
  Une odieuse chaîne.

Ni l'homme, ni le Dieu dans mon Christ n'est détruit,
  Mais par mon efficace
  Au dedans reproduit,
L'Homme-Dieu croît, grandit dans le temps, dan
  l'espace;
  Le plan supérieur
En se développant subit toutes les phases
Par où je fais passer le plan inférieur
  Qui lui prête ses gazes.

Qu'on ne sépare point en deux ordres distants,

La loi surnaturelle;

Et les besoins constants,

Qui des temps font mouvoir l'orbite naturelle;

Car la Rédemption

N'a qu'un unique objet : révéler Dieu dans l'homme;

Rien ne s'accroît que par cette communion :

Ainsi l'annonce Rome.

Rome dit vrai, mon fils : ta suprême raison

Lui doit ce témoignage;

Sortant de ta prison,

Toi que mon Verbe instruit, observe son usage,

Soumets-lui de ma part

Les écrits inspirés de ma double sagesse;

Sans craindre de plusieurs l'implacable regard,

Qu'irrite ta jeunesse.

Souvent ma Providence au terrestre vallon

Condamne à des épreuves

Le juste; et la raison

Cherche en vain bien souvent leurs invisibles preuves;

N'en sois pas abattu;

Et par l'enseignement de ton expérience

Ma grace souveraine informe ta vertu

Autant que ta science.

Telle est la loi de l'être ; il s'instruit en croissant.

Applique ton génie

Qui s'en va grandissant

A Chercher du Très-Haut l'éternelle harmonie :

Des accidents divers

Qui dirigent le cours de ta frêle existence

Recueille les leçons que dans cet univers

Signale ma présence.

Ma parole répond à de nombreux desseins ;

> Le grand-homme et l'insecte

> Sont formés par mes mains ;

Placés sur divers points, que chacun se respecte.

> N'accusez pas le Ciel

Quand les choses ne vont qu'au train de la coutume;

D'ordinaire aux plaisirs je mélange le fiel

> Et répands l'amertume.

L'homme résiste peu devant un bien présent ;

> Sa prompte convoitise

> Le préfère à l'absent ;

A mille objets qu'il voit sa passion s'attise.

> Sans ces nombreux déboirs

L'orgueil en peu de temps s'échappe des limites,

Et bientôt méconnaît, cédant à ses pouvoirs,

> Les lois que j'ai prescrites.

Votre vie est en choc avec tous les désirs
      Que fait naître le monde ;
      Je les change en soupirs,
Et ma bonté suprême en mérites les fonde.
      Apprenez qu'ici-bas
Vous êtes voyageurs et ne devez qu'à peine
Imprimer sur le sol la trace de vos pas ;
      Et c'est la vie humaine.

Tous, des biens et des maux n'ont pas la même part ;
      Mon cordeau les mesure ;
      Mais l'injuste regard,
Jaloux de son voisin, et s'attriste et murmure.
      Ne soyez pas ingrats ;
Car rien ne vous est dû ; le bien que l'œil convoite
Demeure dans ce monde, on ne l'emporte pas.
      Pour moi seul on l'exploite.

Je vous le prête un jour ou deux, et le remets

A d'autres mains ; tu passes,

Il ne passe jamais.

Sers plutôt le Seigneur, profite de ses graces.

Repose-toi content

Des dons que ma bonté sur la terre te donne,

Et songe à mériter d'un usage constant

La céleste couronne.

S'ils te furent donnés, c'est pour atteindre un but ;

Instrument de la Gloire

Où le Fils te conçut

Dans son éternité que retrace l'histoire,

L'instrument n'est pas fin.

Ta fin, c'est le Seigneur qui sous ta main le place

Pour appuyer ton bras dans le cours du chemin.

De ma Loi suis la trace.

À sa juste mesure adapte tous tes vœux.

Prends soin qu'en toute chose,

Si tu veux être heureux,

Que ton arbitre humain dans le mien se repose.

C'est moi, ton souverain

Qui détermine ici tout : instant, lieu, manière.

Rien n'arrive au hasard ; mais mon secret dessein

Dépasse la paupière.

Quel que soit le dehors, conserve dans ton Roi

Une pleine croyance ;

L'épreuve de la Foi

Est de croire au-dedans contre toute apparence,

D'espérer et d'aimer

Dans le bien et le mal, la tristesse et la joie ;

Que ton cœur à mon nom se sente ranimer

Et soudain se déploie.

La souffrance souvent va jusqu'au désespoir ;

Dans l'être qui s'abîme

Triomphe le devoir ;

De ces flots douloureux l'ame sort plus sublime ;

Ainsi Job accablé

Lutte contre l'Autour qui le frappe de l'aile,

Par la main du Seigneur il n'est point ébranlé ;

Mais il fléchit sous elle.

Il chante sa douleur : Ah périsse le jour

Où le Ciel me vit naître !

Cette nuit où l'amour

Dans le sein du Très-Haut m'ordonna de renaître !

Au sépulcre des Rois,

Dans l'abîme profond je dormirais mon somme ;

Je ne serais point mort une seconde fois,

On ne dirait point : L'Homme.

Que ne suis-je resté dans tes flancs, ô trépas ?

     Et pourquoi la lumière

     Me prit-elle en ses bras ?

O Dieu ! ne soyez plus mon Seigneur et mon Père;

     Sourde divinité,

Votre oreille entend-elle ici-bas l'infortune :

Ce supplice effrayant, ah ! l'ai-je mérité ?

     Cet astre m'importune.

Retirez vos splendeurs dans l'éternelle nuit.

     Que me fait la pensée ?

     De l'homme qui me suit

Laissez-moi le destin et la vie insensée ;

     La vertu n'est qu'un mot.

Ah ! ne vous jouez pas de votre créature,

Ne suis-je pas un jonc qui tremble au moindre flot,

     Un souffle qui murmure ?

Quel plaisir trouvez-vous, Jéhova, dans ces jeux
    De votre indépendance ?
    N'êtes-vous pas heureux?
Et l'être né de vous n'aurait-il que souffrance ?
    Modérez vos rigueurs.
Jéhova reste sourd ; c'est en vain qu'on l'implore.
Me voilà, Dieu cruel, soûle-toi de mes pleurs
    Du couchant à l'aurore.

Es-tu content? redouble, et fais-toi mon bourreau
    Aussi bien que la foule.
    Ah ! jetons le fourreau ;
Que sert-il de l'aimer, s'il faut que l'on me foule,
    Que je sois écrasé,
Que le pied ennemi courbe mon front superbe,
Que mon toit soit en cendre, et mon palais rasé;
    Qu'enfin je broute l'herbe.

Cependant je t'aimais, je te hais maintenant.

Mais non, l'impur blasphême,

Quel que soit mon néant,

Ne sort point de mon cœur en dépit de toi-même;

Tu peux bien me briser,

Dieu cruel! mais rougis : ta justice jalouse,

Si grande qu'elle soit, ne saurait m'écraser.

C'est elle que j'épouse.

Ainsi l'ame se forme et verse avec effort

Le mal qui la torture;

Enfantement de mort

Que l'existence impose à toute créature.

La vertu dans ces jours

Par la nécessité soi-même se surmonte,

Soi-même se construit en d'éternelles tours

Par où l'ame à Dieu monte.

L'épreuve suit le siècle et s'adapte aux besoins

Que les faits vous infligent;

Chaque temps a ses soins,

Ses maux intérieurs qui sans cesse l'affligent.

La misère et la faim

Tourmentent aujourd'hui la grande multitude,

Difficile est la vie alors qu'on n'a ni pain,

Ni but, ni certitude.

Prêtre-Roi, tu devais éprouver tous les maux

Pour les guérir toi-même,

Pour finir les fléaux

Qui contre le Seigneur soulèvent le blasphème,

Écoute. Désormais,

De la chair et du sang abolis l'abstinence;

A ces privations substitue à jamais

La sage tempérance.

Par l'aumône commune, en faveur de ma foi,

Que je veux qu'on propage,

Remplace cette loi;

De la chair ou du lait que m'importe l'usage?

Ce fut bon dès l'abord;

De l'Esprit en ces temps, le Franc encor barbare,

Ne pouvait autrement sentir le rude mord

Et la main qui répare.

Mais l'Esprit maintenant du monde transformé

Tient le frein et les rênes;

De ma grace animé,

Avec tes passions descends dans les arènes.

Réfléchis au-dedans

La pure vérité que ma bouche t'annonce;

De ton ame soumets les désirs inconstants,

Et jamais ne renonce.

Aborde sans frémir les rochers escarpés ;

Sonde de l'œil l'abîme

Aux bords entrecoupés ;

Et corps à corps prends-toi de lutte avec le crime.

Contemple de sang froid

De ton cœur frémissant le coursier qui se cabre ;

D'un bras fort, vigoureux, prends, saisis son poil droit,

Et de l'autre, le sabre.

Fuir devant le danger, ce n'est pas conquérir ;

J'aime mieux que tu tombes,

Si tu veux t'aguerrir,

Remontant de nouveau, de nouveau tu retombes.

Il n'a point de vertu

L'être faible et tremblant qui se trouble d'un songe,

Qui dans son propre cœur n'a jamais combattu

Le serpent qui le ronge.

La force par l'obstacle au-dedans s'agrandit ;

En te couvrant de gloire,

Mon fils en toi grandit ;

Et ta mâle vertu reproduit son histoire.

Quand le nom seul du mal,

Un simple souvenir révolte ta pensée,

Devant elle n'osant te poser en rival,

Tu ne l'as pas chassée.

Plus forte elle revient, te presse tant qu'enfin

Ta faiblesse succombe

Et subit son destin.

Satan pose son sceau sur ta funèbre tombe.

Mais le brave lutteur

Ne peut être battu, toujours il se relève ;

Il frappe l'ennemi de son glaive vainqueur,

Et l'étend sur la grève.

La vertu, de nos jours, plus que dans aucun temps,

A besoin d'énergie ;

Car jamais les autans

N'ont soufflé sur la mer avec plus de furie ;

Jamais les passions

Que réveille une vague et morne inquiétude

Ne donnèrent autant de subtils aiguillons

Au matin de l'étude.

A d'étonnants travaux l'homme est donc destiné.

Il aima la science ;

A son char condamné,

Il devra le traîner et porter ma Puissance ;

Par sa haute raison,

Il devra dominer sur la nature entière,

Sans bornes dans l'espace étendre l'horizon

Que baigne la lumière.

Il devra de mes lois avec l'Ange gravir

L'échelle symbolique;

Au Roi des rois ravir

De la Rédemption la couronne mystique,

Dompter de l'élément

L'implacable fureur que soulève l'abîme;

Du monde déposer devant mon firmament

La conquête sublime;

Que dirai-je? il devra, sur le Père moulant

Son souverain génie,

S'y plonger tout brûlant,

Et mouler l'univers sur la forme infinie.

L'être régénéré

Quelque jour doit sortir de sa vertu suprême,

Et l'amour transformant l'espace mesuré,

Se l'unir à lui-même.

Pourrait-il arriver à toutes ces hauteurs

Sans souffrir, sans combattre ?

Obtenir ees splèndeurs,

Et, lâche, dans les camps ni mourir ni se battre ?

Mon fils, ne le crois pas ;

De la nuit sort le jour ; de l'opprobre la gloire ;

Le bonheur éternel s'engendre du trépas ,

Et du temps la mémoire.

Mais comprends, ô mon fils, l'ordre de mes desseins ,

Il fallait que tu sortes,

Selon mes plans divins ,

De la mort où passant ta main ouvrit les portes ;

Qu'ici-bas renaissant ,

Tu laisses au tombeau ta dépouille première ,

Et deviennes ainsi de ce monde naissant

La vivante lumière.

Que, descendant des rois, tu perdes leur orgueil

Au cœur même du peuple ;

Et puises au cercueil

Un principe immortel qui lui-même repeuple

L'étendue et le temps ;

Que, transformé dans moi, tu puisses, par ma grace,

Tranformer l'existence en éternel printemps,

Et refaire l'espace ;

Qu'oubliant et ton nom et tes vieux souvenirs,

Ton esprit dans les choses

Sonde les avenirs,

Les essences, leurs fins et leurs métamorphoses ;

Que toi-même montant,

Par un cercle réglé de retours et de formes,

Résumes l'univers qui s'en va vieillissant,

Et par moi le réformes.

A ton siècle, mon fils, compare tes désirs,

Et médite en silence.

D'où naissent ces soupirs,

Ces besoins inconnus de l'homme qui s'élance.

Partout l'humanité,

Mécontent du présent, rêve, demande, espère

Un idéal humain de ma divinité

Descendu sur la terre.

Est-ce un pressentiment qui n'aurait point de but?

L'aimant cherche le pôle,

Et l'homme que conçut

Mon fils à Golgotha tromperait sa parole?

N'ai-je point dans ma main

Un sceptre ensanglanté, ce roseau qui frissonne?

Que vois-tu sur mon front inscrit par le Romain?

Mon titre et ma couronne.

Et tu voudrais, des Juifs imitant l'attentat,

Replonger sous la pierre

Le criminel d'état

Qu'a deux fois immolé leur haineuse colère ?

Dédaigne leurs mépris ;

Embrasse d'un pied sûr ta carrière nouvelle,

Sois avec mon Fils-Dieu, le soleil des esprits,

Et jamais ne chancelle.

FORMULE DU SERMENT.

Tu le veux, ô mon Roi : je veux et viens m'offrir ;

Que ma main dans la tienne

Te jure qu'en ton nom je suis prêt à mourir,

Et ma foi te soutienne :

Ma bouche a prononcé le serment du vassal ;

Au mont ou dans le val

Je te suivrai partout jusqu'à l'heure dernière,

    Mais entends ma prière :

Descends, ô Père, en moi; confonds avec le tien

L'intérêt de ton Christ, de la France et le mien.

LE PRÊTRE-ROI.

Descendez en cadence,

Anges qui vous bercez sur des nuages d'or;

Mortels, faites silence,

Sous mes doigts va frémir l'harmonieux cinnor !

Un esprit inconnu , sous son aile indomptée ,

Emporte au firmament mon ame épouvantée ,

      Comme un aigle de feu ;

Tout-à-coup devant moi des cieux nouveaux s'entr'-

    ouvrent ,

      Et mes regards découvrent

Les champs de l'avenir au sein même de Dieu.

      Descendez en cadence ,

Anges qui vous bercez sur des nuages d'or ;

      Mortels , faites silence ,

Sous mes doigts va frémir l'harmonieux cinnor !

Dans l'ame d'un mortel le grand Être s'épanche ;

Et des peuples ravis l'ardente soif s'étanche

133.

A ce fleuve d'amour,
Qui d'un cœur tout divin sur la nature entière,
En torrents de lumière
Déborde et rejaillit au céleste séjour.

Descendez en cadence,
Anges qui vous bercez sur des nuages d'or;
Mortels, faites silence,
Sous mes doigts va frémir l'harmonieux cinnor !

Représentant du Père, ô Christ, je te salue,
De la terre et des cieux dans ton sein qui reflue
Je vois l'amour s'unir;
Ta parole descend comme une tiède ondée,
Et de pleurs inondée,
La voilà qui remonte où tout flot va finir.

12

Descendez en cadence,

Anges qui vous bercez sur des nuages d'or;

Mortels, faites silence;

Sous mes doigts va frémir l'harmonieux cinnor !

Entendez-vous bondir de l'un à l'autre pôle

Ce Verbe foudroyant qui roule, gronde et vole

En traits étincelants ?

Le pontife inspiré, s'armant de la prière,

Désarme le tonnerre,

Et raffermit les rois sur leurs trônes tremblants.

Descendez en cadence,

Anges qui vous bercez sur des nuages d'or;

Mortels, faites silence,

Sous mes doigs va frémir l'harmonieux cinnor !

Un souffle de sa bouche a chassé la tempête ;

L'arc-en-ciel du pardon apparaît sur sa tête

Aux hommes consternés ;

Le monde refleurit, l'aube se renouvelle

Plus riante et plus belle,

Et l'on voit devant lui tous les fronts prosternés.

Remontez en cadence,

Anges qui vous bercez sur des nuages d'or ;

Chœurs, rompez le silence,

Sous mes doigts a frémi l'harmonieux cinnor !

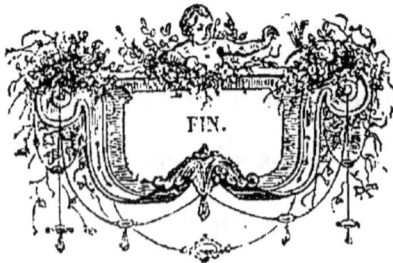

FIN.

TABLE

DES

MATIÈRES.

www.ingramcontent.com/pod-product-compliance
Lightning Source LLC
Chambersburg PA
CBHW060145100426
42744CB00007B/900

www.ingramcontent.com/pod-product-compliance
Lightning Source LLC
Chambersburg PA
CBHW060145100426
42744CB00007B/900